ISBN 978-2-244-42556-6
www.editionslito.com

Lito - 41, rue de Verdun 94500 Champigny-sur-Marne
Imprimé en UE - Loi n°49-956 du 16 juillet 1949
sur les publications destinées à la jeunesse
Dépôt légal : septembre 2019

D'après Felix Salten
Raconté par Christine Palluy

Bambi

une vie dans les bois

Illustré par
Carine Hinder

Éditions Lito

C'est le printemps au cœur de la forêt.
Bien caché dans sa chambre de feuillage, un petit chevreuil vient juste de naître. Il sent la langue de sa maman le lécher doucement. Flageolant sur ses jambes toutes neuves, il se laisse cajoler et réchauffer avec délice.
Dans les arbres, les oiseaux gazouillent, les écureuils sautent et les feuilles chuchotent. Blotti contre sa mère, le faon se met à téter.
– Bambi, tu es mon petit Bambi, souffle-t-elle avec fierté.

Les premiers jours, Bambi découvre la forêt en suivant sa maman.
Des abeilles bourdonnent à ses oreilles, des odeurs de violettes et de mousse caressent ses narines, des ronds de soleil dansent entre les branches sombres.
Bambi s'étonne, rit et pose mille questions.

Un matin, il s'arrête, émerveillé. Jamais il n'a vu une telle lumière au bout d'un sentier.
Aux aguets, sa mère murmure :
– Chut ! On arrive à la prairie...
Elle tend l'oreille et lève la tête pour sentir le vent. Toujours méfiante, la maman chevreuil s'avance seule.

Bientôt, elle se retourne en souriant.
– Viens, Bambi, il n'y a pas de danger. Je vais voir ma cousine, mais si je t'appelle, rentre très vite dans la forêt !
Cachés dans les herbes, deux faons bondissent.
– On va t'attraper ! disent-ils.

Bambi joue avec eux en riant.
– C'est quoi, un danger ? demande-t-il, essoufflé.
– C'est grave et ça fait peur ! dit Gobo.
– C'est quand il faut filer ! ajoute sa sœur Faline.

Soudain, Bambi et ses cousins entendent du bruit.
De magnifiques mâles surgissent dans la prairie en portant fièrement de grandes couronnes sur la tête. Après un tour, ils regagnent la forêt.

– Qu'ils étaient forts, et beaux ! s'exclame Bambi, une fois les deux mâles disparus.

– L'un d'eux est ton père, affirme sa maman. Si tu évites le danger, un jour, tu seras aussi majestueux que lui.

Le faon se sentit alors très heureux d'être un chevreuil.

La fin de l'été arrive. Bambi tremble de peur sous le premier orage de sa vie mais ensuite, il apprend à rester calme.

Bambi grandit. À présent, il sait reconnaître les odeurs amenées par le vent, le jeu des taupes ou des souris dans les feuilles et le bon goût des bourgeons et du trèfle. Il ne craint presque plus la nuit, et il sait rester sage le jour pour éviter le danger.

Souvent, quand il cherche à téter, sa mère le repousse :

– Non, Bambi, tu n'es plus un bébé !

Un jour d'automne, Bambi se réveille seul. Où est sa mère ?
Effrayé, il la cherche, il pleure, mais elle ne l'entend pas.
Alors, il crie de toutes ses forces.
– Maman ! Maman !

Un vieux chevreuil apparaît, majestueux sous sa couronne ornée de perles noires.
Son regard est sévère :
– Tu peux rester sans ta mère, je le sais. Ne pleurniche plus jamais !
Honteux, Bambi baisse la tête. Quand il la relève, l'Ancien a disparu.
À partir de ce jour-là, Bambi parvient à rester seul pour lui plaire.

L'hiver s'installe. Au début, Bambi, Gobo et Faline adorent la neige mais bientôt, la faim les fait changer d'avis. Les arbres et les buissons n'ont plus de feuilles, et la prairie enneigée n'offre presque rien à manger.

Parfois, Ronno, un prince de la forêt, rend visite aux faons et à leurs mères. Il boite.
– C'est un coup de fusil que vous avez reçu dans la jambe ? lui demande un jour Bambi.
– Oui, lui répond le chevreuil. Je suis encore vivant parce que je me suis enfui ! Un conseil : si vous voyez un chasseur, partez le plus vite possible !

Inquiet, Ronno s'arrête de parler. Il regarde le ciel. Les pies et les corneilles affolées volent en criant :

– Danger ! Filez ! Des hommes viennent avec des fusils ! Danger ! Filez !

Bambi se sauve le plus vite possible. Il court des heures, sans se retourner.

Le soir, quand le calme revient, il retrouve Faline, sa tante et ses amis.

– Vous avez vu ma mère ? leur demande-t-il, inquiet.

– Non, disent-ils doucement.

La fin de l'hiver est très triste car Bambi ne revoit pas sa maman.

Le printemps finit par revenir avec ses bourgeons et ses fleurs.
Depuis quelques temps, les chevreuils empêchent Bambi de rejoindre Faline et le repoussent durement. Pour avoir la paix, le jeune chevreuil se cache et prépare sa ramure en la frottant contre un noisetier.

Un jour, un écureuil s'exclame :
– Vous êtes devenu fort et magnifique ! Votre couronne sera bientôt la plus belle de la forêt !
Bambi tremble de joie.
– Alors maintenant, je n'aurai plus peur des autres ! se dit-il.

Quand Bambi retrouve enfin Faline, si jolie dans la prairie, son cœur se met à battre fort.

– Attrape-moi comme quand on était petits, Bambi ! s'exclame-t-elle en riant.

Il la rattrape.

– Tu veux bien être mon amoureuse ? lui demande-t-il.

– Oui, murmure-t-elle.

Mais le prince Ronno les a vus. Jaloux, il s'élance sur son rival.
– Va-t'en petit Bambi de rien du tout ! grogne-t-il en le tapant avec ses bois.

Furieux, Bambi ne se laisse pas faire. Tête en avant, il se bagarre tant qu'il gagne la bataille. Alors, fier et majestueux, il rentre avec Faline dans la forêt.

Les mois passent. De loin, l'Ancien veille sur Bambi.
Pour l'aider face au danger, il apparaît sans bruit et disparaît juste après.
Un matin, un coup de fusil retentit.
Blessé et affolé, Bambi parvient à s'enfuir mais il tombe près d'un grand chêne.
L'Ancien se montre :
– Mon fils, relève-toi, ou les chasseurs te trouveront et te tueront !
Bambi sent son cœur battre très fort :
« L'Ancien, ce vieux prince magnifique, est mon père… »
Il trouve alors la force de le suivre et reste dans sa cachette secrète
jusqu'à sa guérison.

Les saisons se sont succédé et l'Ancien est mort depuis longtemps.
Bambi, vieux prince magnifique, marche seul quand il entend des cris.

– Maman ! Maman !

Il découvre deux faons inquiets. Sa voix se fait sévère :

– Vous pouvez rester sans votre mère, je le sais. Ne pleurnichez plus jamais !

Honteux, les petits baissent la tête. Bambi part sans bruit.

– Cette petite ressemble à Faline, et son frère me plaît, se dit-il en souriant. Je vais veiller sur eux.

Majestueux sous sa couronne ornée de perles noires, il poursuit son chemin et disparaît dans la forêt.